AF562496

# L'ÉTAT DE LA QUESTION.

# LETTRE

## A UN ÉLECTEUR;

PAR EUSÈBE SALVERTE,
DU DÉPARTEMENT DE L'AUBE.

> Ultrà
> Quam licet sperare nefàs putando,
> Disparem vites!
> (HORAT., *Od.*; *lib.* IV, *Od.* XI.)

PARIS.
BAUDOUIN FRÈRES, IMPRIMEURS-LIBRAIRES,
RUE DE VAUGIRARD, Nº 36.
OCTOBRE 1820.

# L'ÉTAT DE LA QUESTION.

# LETTRE

## A UN ÉLECTEUR.

§ I. Souvent, Monsieur, nous avons entendu dire que *l'éducation constitutionnelle* du peuple français n'était pas encore faite; et souvent nous avons été tentés d'avouer la proposition générale, sans d'ailleurs nous accorder sur ses applications et ses conséquences, avec les hommes qui la mettent en avant pour justifier des vues bien différentes des nôtres. Ils supposent que le peuple français est incapable, par ignorance, de bien user de ses droits; et nous croyons qu'il ignore seulement l'étendue des droits que la Charte lui a reconnus; ils concluent que l'on doit en restreindre ou en ajourner pour lui l'entière jouissance; et nous pensons qu'on ne peut rendre cette jouissance trop pleine ni trop prompte. L'expérience seule élèvera bientôt, sur ce point, à une juste hauteur, les idées du peuple, ses sentimens et ses habitudes.

Mais la proposition, même ainsi modifiée, ne subsiste pas, si on en fait l'application particulière à la sensation qu'a produite universellement la nouvelle *loi des élections*, aux sollicitudes qu'inspire son exécution prochaine. Toutes les classes ont d'abord aperçu que la loi tendait à mettre la majeure partie des élections dans la main d'un petit nombre d'hommes qualifiés de grands propriétaires. Justement inquiet, le peuple a demandé pourquoi ?

Les défenseurs de la nouvelle loi ont dit que la *grande propriété* devait être représentée spécialement.

*Le peuple.* La distinction de *grande* et de *petite propriété* n'est point établie dans la Charte, qui a énuméré et classé toutes les sortes de droits politiques : elle ne peut devenir la base d'une loi.

*Les défenseurs de la nouvelle loi.* Cette distinction est dans la nature.

*Le peuple.* Elle y est si peu que, pour l'établir, on est toujours forcé de s'arrêter à une limite arbitrairement posée. Fixez-la à la possession de mille arpens de terre cultivée. Le citoyen qui n'en possède que neuf cent quatre-vingt-dix-neuf est-il *naturellement* plus éloigné de celui qui atteint la quotité désirée, que de celui qui ne possède que cent ou cinquante arpens ?

*Les défenseurs* etc. Ce ne sont point les *personnes*, mais les *intérêts* qui doivent être *représentés* dans la législature ; et il n'y a que ce moyen pour que tous les intérêts soient représentés.

*Le peuple*. Cette subtilité métaphysique, si elle a un sens, peut entraîner des conséquences périlleuses. La classe des prolétaires, à qui l'état social impose tant de devoirs contrebalancés de si peu d'avantages, n'a-t-elle pas aussi son *intérêt ;* un intérêt immense à ce que ses minces avantages lui soient garantis par la perfection de la législation? Et si elle demande que son intérêt soit représenté, que lui répondrez-vous?

*Les défenseurs* etc. Les élections se trouvaient livrées à la petite propriété, à l'exclusion de la grande.

*Le peuple*. Ouvrez les yeux : les Lafayette, les Chauvelin, les Dargenson, les Jobez, les Grammont, les Casimir-Perier, et tant d'autres députés *français*, sont-ils de petits propriétaires?

*Les défenseurs* etc. La grande propriété courait risque de se voir léser...

*Le peuple*. Citez une loi ou seulement une proposition d'amendement qui, au préjudice des grands propriétaires, ait tendu à violer le principe fondamental de la Charte : *Tous les Français sont égaux devant la loi*.

Quoi! la Chambre des députés a adopté une loi qui, par l'avantage d'un double vote, donne aux grands propriétaires une influence énorme sur les élections; et vous soutenez que les lois d'après lesquelles cette Chambre a été composée, étaient injustement défavorables à la grande propriété!

S'étayer d'argumentations si manifestement fausses, c'est armer la défiance contre la cause que l'on defend, et plus encore contre soi-même, surtout quand on parle à des Français.

*Les defenseurs* etc. C'est là le seul moyen d'établir, d'une manière durable, l'ordre et la tranquillité, dont les grands propriétaires sont les inébranlables amis. Ce sont eux surtout qui « n'ont pas intérêt à ce que le sol tremble, » comme l'a dit Napoléon : *Fas est et ab hoste doceri!*

*Le peuple*. Ce dernier motif a du poids; il sollicite, il soutient l'examen. La conservation de la tranquillité et de l'ordre est le but de toute association politique. Tels sont aujourd'hui en France et la conviction générale de cette vérité, et le besoin de la voir mettre en pratique, que nous n'hésiterons pas à lui sacrifier l'exercice d'une partie de nos droits, si on nous démontre que ce sacrifice est nécessaire.

§ II. Voilà donc, Monsieur, l'*état de la question* nettement fixé; et je suis arrivé à ce but en répétant ce que vous et moi nous avons entendu dire, sous mille formes, à nos concitoyens.

Est-il vrai qu'on ne puisse établir solidement l'ordre et la tranquillité, sans livrer aux grands propriétaires la presque totalité des élections?

Cette question, dont la solution affirmative ou négative doit diriger nos votes, se résout en deux autres questions.

1°. Tout ce qui n'est pas grand propriétaire a-t-il

plus ou moins d'intérêt, dans les conjonctures actuelles et en général, à troubler l'ordre et à susciter des troubles et des révolutions?

2°. Les grands propriétaires n'ont-ils jamais intérêt à se jouer de la tranquillité publique en suscitant des révolutions et des troubles ?

Observons que la réponse doit être *affirmative* pour *les deux* questions à la fois. Elle le serait pour la première, que, si la seconde n'offrait pas le même degré d'évidence, il n'y aurait encore aucune raison de déroger au principe sacré : Tous les Français sont égaux devant la loi.

Avant d'entamer la discussion, fixons le sens des termes principaux, *grande* et *petite propriété*, *troubles* et *révolutions*.

La *petite propriété* semble fixée par la Charte au paiement de trois cents à mille francs d'impositions annuelles. Plus généralement, nous plaçons dans cette classe, l'homme dont l'aisance bornée comporte de l'éducation, des lumières, des jouissances d'intérieur; mais peu de jouissances de luxe, et presque jamais une existence oisive et improductive.

Un homme peut posséder une propriété immense, et penser et sentir avec autant de modération et d'équité que le sage réduit au plus simple degré de l'aisance. J'en ai cité d'honorables exemples; et peut-être, Monsieur, me reprocherez-vous d'en avoir trop resserré le nombre. Mais tant que *l'éducation constitutionnelle* de la classe opulente ne sera point terminée (et elle n'est pas bien avancée encore), les hommes de cette classe conserveront des préjugés et des prétentions qui leur seront propres ; c'est par-là surtout que se feront remarquer ceux qui, tenant une grande fortune du hasard de l'hérédité plus que de leurs travaux personnels, y joignent encore l'orgueil d'un nom connu.

Nous n'imiterons pas les déclamateurs qui, moins attentifs à perfectionner le bien qui a été fait qu'à mettre à profit l'horreur inséparable du souvenir du mal, attachent uniquement au mot *révolution* l'idée des excès commis dans la révolution française. Prouver que ces excès furent étrangers aux principes de la révolution, qu'ils entravèrent sa marche, qu'ils flétrirent dans la fleur, dans le bouton, plusieurs des fruits de bonheur et de justice qu'elle promettait à nos espérances, ce serait une tâche peu difficile. Son exécution forcerait à confesser qu'on doit accuser des excès, bien moins les erreurs du peuple que les fautes, l'opiniâtreté, l'injustice de certains hommes de la *grande propriété.* Mais cette discussion, quelque intéressante qu'elle soit, nous écarterait trop de notre sujet.

Il y a des révolutions de divers genres. Aux sons prolongés de l'*Alp-Horn*, les âpres rochers de Schweiss, d'Uri, de Zug, et d'Underwald, se couvrent, au quatorzième siècle, de bannières indépendantes ; et le nombre, et la valeur et la discipline des guerriers de l'Autriche se brisent contre la résistance des paysans libres de l'Helvétie. A la fin du dix-huitième siècle, l'Amérique septentrionale voit un peuple conquérir sa liberté, et prouver que ce trésor précieux est le complément de la civilisation, l'élément le plus sûr de la prospérité publique et particulière. Voilà des révolutions bienfaisantes. En voici de détestables. D'une démocratie agitée, Rome, enfin corrompue, passe à toutes les horreurs du despotisme impérial; sous l'injuste prétexte d'une révolte fomentée en secret par lui-même, Philippe II prive le royaume d'Arragon de ses *cortez* et de son *justiza;* Venise démocratique se transforme en un État, républicain de nom, aristocratique de fait, et tombé bientôt dans la pire des oligarchies.

Sous le mot *troubles*, sont aussi compris des événemens variés et de nature très-différente. Qu'une multitude ignorante et opprimée se soulève à la voix d'un chef sorti de son sein, d'un *Wat-Tyler* (1), qui promet de mettre un terme aux vexations dont elle gémit; cela n'arrive guères que quand l'oppression est au comble, et le plus souvent, pour un temps très-court. Plus facilement et pour plus long-temps, elle sera mise en mouvement par des hommes que rendent considérables leurs noms et leurs richesses. Les Parisiens suivirent long-temps l'é-

---

(1) Voyez, dans l'*Histoire d'Angleterre*, avec quelle vivacité éclata, au quinzième siècle, l'émeute dont *Wat Tyler* était le chef, et avec quelle facilité elle fut dissipée.

tendard de la *fronde*, sans se douter qu'ils payaient et combattaient pour les querelles et les prétentions de quelques hommes de cour; pour que *Chaudenier devînt duc* (1), que tel grand seigneur conservât son gouvernement, et que tel autre échangeât le commandement d'une ville contre celui d'une province. Déçue par la *Sainte Union*, la masse des ligueurs supportait opiniâtrément les maux de l'invasion étrangère, de la guerre civile, de la famine et de l'anarchie, pour servir l'ambition des Guises et la cupidité de leurs principaux complices.

§ III. Les hommes qui forment le véritable noyau de la nation, les hommes de la petite propriété ont-ils jamais intérêt à susciter des troubles ? Non : car le poids des troubles retombe en entier sur eux, tandis qu'à leurs yeux, un petit nombre de puissans et d'intrigans s'en partagent les fruits. La classe dénuée de tout échappe aux exactions par son indigence, et aux cruautés par sa nullité politique; et bientôt l'un ou l'autre parti y recrute des satellites qu'il faut ensuite enrichir. La classe un peu supérieure possède assez de bien pour tenter l'avidité, et assez de développement moral pour provoquer des inimitiés auxquelles sa faiblesse la laisse en proie sans défense. Dans cette classe, le vœu de l'intérêt et celui des passions est tout pour le règne de l'ordre et de la tranquillité. Sous l'é-

---

(1) Voyez *les Mémoires du Cardinal de Retz*, tome III.

gide de lois protectrices, on espère jouir de ce qu'on possède, sans redouter les insultes de l'orgueil ou les attentats de la cupidité; on espère, dans le calme que maintiennent les lois, accroître son patrimoine par des économies, s'enrichir par des spéculations heureuses, s'élever à la considération par des conceptions hardies dans les arts et dans les sciences. Que la paix publique soit troublée : soudain s'évanouissent des espérances si chères; dans le chaos du présent, dans l'obscurité menaçante de l'avenir, tout est peine et dommage, ou attente de dommages et de peines plus redoutables encore.

A l'idée de troubles plus ou moins faciles à réprimer, plus ou moins prompts à s'apaiser d'eux-mêmes, si on substitue l'idée d'une révolution totale, et laissant après elles d'ineffaçables vestiges, l'effroi de la classe moyenne va redoubler : au lieu d'un incendie, c'est un volcan, un tremblement de terre, qui menace son repos et ses espérances. La perspective d'un changement qui ferait disparaître des abus devenus intolérables, flatterait ses esprits : mais elle le voudrait toujours paisible, exempt de violence, et, à ce prix, lui pardonnerait volontiers de s'opérer lentement. Si les *arrêtés*, vraiment *révolutionnaires*, des parlemens réunis contre la cour n'avaient pas échauffé tous les esprits; si les intérêts croisés de bien des ambitions diverses n'eussent contribué à entretenir l'effervescence; si les hésitations, la faiblesse, la mauvaise foi du ministère n'eussent inspiré au peuple cette indignation inquiète qui suit la déception des plus justes espérances : appuyé sur le peuple, et comblé de ses bénédictions, Louis XVI, en 1789, aurait encore été le maître d'opérer, avec une sage lenteur, les réformes dont la justesse de son esprit lui avait révélé la nécessité, treize ans auparavant, sous le ministère de Turgot et de Malesherbes; mais dont la faiblesse de son caractère ne lui permit pas de soutenir long-temps la généreuse résolution.

Ce que l'on craint surtout, ou ce qu'on affecte de craindre, c'est l'espoir conçu par quelques hommes de la classe moyenne, de s'élever à la faveur des troubles publics. Il y a des insensés partout : ne voit-on pas des pauvres, des mendians sacrifier leur dernier morceau de pain pour poursuivre, à la loterie, des trésors imaginaires? Mais il est également absurde de supposer que tous à la fois soient agités de la même folie, ou qu'avec un nom obscur et une aisance bornée, un homme parvienne à les mettre tous en mouvement pour servir son ambition particulière.

Mais si cet homme a de grands talens, s'il a du génie?

Nous sortons de la question : les lois ici ne font plus rien; de tels hommes périssent ou parviennent. Un pâtre d'Arpinum (1) monte au consulat par des échelons impraticables pour tout autre; et

(1) Marius.

ce pâtre, le plus grand guerrier de son siècle, sauve la patrie qu'il a ensuite le malheur d'opprimer. De la condition la plus infime, du sein même de la mendicité, des hommes hardis s'élèvent à la thiare et foulent aux pieds les couronnes des princes et des rois. Citerai-je l'obscur prêtre *Duplessis* (1), gouvernant despotiquement et Louis XIII et la France, ou le paysan Albéroni devenu le roi de l'Espagne et de Philippe V ? Encore un coup, ce sont des exceptions très-rares, qui ne peuvent servir de base à un argument général.

Devons-nous descendre d'un degré, et parler des hommes dont la cupidité et l'ambition surpassent les talens : gens dont la plus haute fortune est de devenir les favoris d'un prince qui finit par les abandonner à l'indignation publique, ou à la jalousie d'un nouveau favori; les *Landais* (2) en Bretagne, les *Gaveston* (3) en Angleterre? Plus bas encore, on découvre ces intrigans subalternes, invariablement dévoués à la puissance, ministres infatigables de ses injustices, défenseurs éhontés de l'oppression et de l'arbitraire, prompts à taxer d'insolence les réclamations, et de rebellion les

---

(1) Armand Duplessis, depuis cardinal, duc de Richelieu, premier ministre, surintendant des mers, etc.

(2) Landais, favori d'Arthur, duc de Bretagne, au quinzième siècle.

(3) Gaveston, favori d'Édouard II, au quatorzième siècle.

plaintes....... Qu'ont les uns ou les autres de commun avec la cause de la petite propriété? S'ils excitent, s'ils fomentent des troubles, ce ne sera jamais qu'au profit des grands et du pouvoir absolu.

§ IV. Mais j'entends murmurer les mots de *tribuns du peuple*, de *lois agraires*. Aux publicistes qui les répètent, ne seriez-vous pas tenté, Monsieur, de demander s'ils connaissent ce dont ils parlent? Cette question impolie nous en épargnerait une plus sévère qui porterait sur leur bonne foi.

Ils raisonnent toujours comme si les lois agraires que proposaient à Rome les tribuns du peuple eussent ordonné un partage égal de toutes les propriétés territoriales, sans exception, tel que l'effectua à Sparte Lycurgue, oncle et tuteur du roi Charilaüs, tel que voulut ensuite le renouveler le roi Agis II. Rien de moins exact. Une coutume reçue dans toute l'Italie, et qui aurait tourné au détriment des Romains vaincus, comme elle les enrichissait vainqueurs, privait d'une portion de son territoire le peuple contraint, par le sort des armes, à demander la paix. Rome, presque chaque année, reculait ses frontières par des acquisitions glorieuses. Distribuer les terres des vaincus aux guerriers qui avaient concouru à la victoire, c'était le vœu de la loi, celui de la justice : mais les hommes de la grande propriété, les patriciens bravant la justice et la loi, s'emparaient constamment de ces terres; et ceux d'entre eux qui ne prenaient point part à l'iniquité, la soutenaient pourtant par esprit de corps, et ne souffraient pas qu'on forçât les usurpateurs à *restitution*. Les tribuns réclamaient un partage conforme à la stricte justice, et qui eût replacé au rang des propriétaires une foule de citoyens, la plupart tombés dans l'indigence en combattant à leurs dépens (1), sous les drapeaux de la patrie. La résistance des patriciens se prolongea. On put alors opposer aux tribuns le bouleversement dont la loi agraire menaçait les fortunes privées : presque tous les possesseurs qu'elle eût atteints, paraissant autorisés par la succession héréditaire de plusieurs générations, à regarder leurs terres comme des propriétés patrimoniales. La cupidité, plutôt que de se dessaisir, consentit à apaiser les justes murmures du peuple en lui accordant peu à peu l'accès aux charges supérieures, auxquelles, dès les premiers jours, sa valeur lui avait donné droit d'aspirer. Avec le consulat plébéïen, commença le plus bel âge de Rome ; et les lois agraires, qui désormais auraient causé plus de mal que de bien, tombèrent dans l'oubli.

Les Gracques les en tirèrent.... Sans discuter leurs motifs bons ou mauvais, nous observerons qu'ils étaient tous deux hommes de *grande* et très-

---

(1) Les soldats romains ne commencèrent à recevoir une paie qu'au siége de Veïes, un siècle environ après l'institution du tribunat.

*grande propriété;* que ceux qui, après eux, firent du Tribunat un instrument de trouble, les Clodius, les Curion, etc., furent presque tous des nobles et des patriciens.

Et nous demanderons, Monsieur, ce que l'histoire des tribuns de Rome décide contre la petite propriété?

On pourrait au contraire invoquer en sa faveur la modération du peuple romain. Investi d'une juste mesure de puissance par son admissibilité aux charges curules, il abandonna les lois agraires, dès qu'il fut certain que cet acte de justice publique entraînerait une multitude de maux et d'injustices particulières.

Si des considérations générales nous passons aux circonstances actuelles, l'exemple des tribuns, présenté même dans le sens le plus défavorable, trouve encore moins son application. Admettons parmi les électeurs un homme comme Sixte-Quint ou le cardinal de Richelieu; admettons-en plusieurs, quoique la nature en produise peu à la fois: leur influence s'épuisera pour dicter un choix ou deux. Conseils de leurs députés, ou députés eux-mêmes (supposition qui toutefois les place déjà au-dessus de la *petite propriété*), ils trouveront, dans une assemblée représentative, une arène ouverte à leur turbulence bien moins qu'à leurs talens. Des barrières propres à ralentir leur essor malfaisant, des antagonistes décidés à le combattre, une digue enfin qu'il ne pourra surmonter, voilà ce que leur opposeront les formes salutaires des délibérations, le courage de leurs collègues, la conscience de l'assemblée.

L'opinion générale s'élèverait surtout contre eux. Vous le savez, Monsieur, tous ceux qui ont porté sur la France un regard observateur, tous, étrangers ou nationaux, lui rendent ce témoignage, que la crainte des révolutions, le désir du calme y forment le vœu de l'immense majorité des citoyens. S'il est vrai, comme je crois l'avoir établi, que dans tous les temps la majorité a très-peu à espérer et beaucoup à redouter des troubles politiques, il est certain qu'aujourd'hui cet axiome est profondément gravé dans les esprits : au souvenir des maux passés se joint énergiquement l'intérêt du présent et de l'avenir. La France d'ailleurs possède ce que n'a plus l'Angleterre, et ce qui manqua presque toujours à Rome, un grand nombre de petites propriétés. La subdivision des propriétés, source de population et de richesses, est aussi un principe de tranquillité. On s'attache à son champ; on veut le moissonner en paix; on veut le conserver, le transmettre à ses enfans.... Les vagues révolutionnaires, en roulant sur leur modeste héritage, le feraient disparaître! Vérité universellement sentie, et plus éloquente que les plus éloquens discours des hommes avides de mouvement.

Le fait est sous nos yeux. Que redoute le plus aujourd'hui le peuple français? Une révolution nouvelle; car la contre-révolution que réclame un certain parti, ne serait pas autre chose.

Il faut enfin compter pour beaucoup les lumières acquises. L'instruction a pénétré, depuis trente ans, là où jamais n'avait brillé son flambeau. Elle porte ses fruits en prouvant à l'homme de la petite propriété que son véritable intérêt lui prescrit, autant qu'aux favoris de la fortune, le respect inaltérable de l'ordre et de la justice.

L'amour de la justice et de l'ordre, voilà ce que la classe moyenne cherchera dans ses députés. Un tribun séditieux, un Saturninus, l'effrayerait autant qu'un Sylla; un Robespierre, autant qu'un des fougueux ennemis du peuple qui signalent aujourd'hui leur zèle dans la défense de l'oligarchie.

§ V. Pour que les hommes de la *grande propriété* ne cherchent jamais à susciter des révolutions ou des troubles, il faut qu'ils soient préservés de cette tentation par leurs intérêts et par leurs principes.

Leur intérêt sans doute les retiendra, si l'effet des troubles est d'armer contre eux la fureur populaire, si la révolution doit faire sortir de leurs mains le patrimoine de l'État, les rênes de la puissance ou la domination qu'ils exercent sur le faible et sur le pauvre. Observons cependant, et l'histoire est notre garant, qu'ils s'engageront dans cette route périlleuse pour peu que leur présomption se persuade qu'après avoir déchaîné la tempête, ils sauront la diriger; observons, toujours appuyés sur l'histoire, que chacun d'eux fomentera volontiers ces agitations sanglantes, si, loin de craindre d'en devenir victime, il espère y trouver un moyen de s'agrandir.

Mais nous l'avons dit, Monsieur, il peut s'élever bien d'autres espèces de troubles : et, en général, l'homme de la grande propriété est celui qui en souffre le moins et le moins long-temps. Des exemples éclairciront ma pensée. Supposons d'abord les pertes pécuniaires réparties, dans une proportion égale, sur toutes les fortunes; et fixons-en la mesure à deux années de revenu. L'homme de la petite propriété, pour subsister pendant deux ans, contracte des dettes qu'il se trouve ensuite dans l'impuissance d'acquitter, et qui consomment obscurément sa ruine. L'homme de la grande propriété emprunte aussi; mais affranchi, par la misère commune, d'une étiquette dispendieuse, il échange contre la considération attachée à d'illustres malheurs, un luxe de représentation qui ne convient plus, dira-t-il, qu'aux sangsues de la fortune publique; et quelques années d'économie, dont son orgueil aura joui et non pas souffert, lui permettront, au retour de la tranquillité, de reparaître dans son ancienne splendeur. Ainsi, dans la révolution, nous déplorions l'aisance bornée, l'indigence de personnes jadis si riches! Et tout-à-coup, après tant d'exactions et de désastres, la grande propriété s'est retrouvée presque entière dans les familles qui la possédaient il y a trente ans.

Ce n'est pas d'ailleurs l'économie seule et le bienfait du temps qui viendront relever d'une chute momentanée l'homme de la grande propriété. Quand le calme a reparu, on cherche à réparer les désastres causés par l'orage. Mais tous ont souffert également: comment songer à une indemnité universelle? Que la classe moyenne supporte donc ses pertes, ou qu'elle succombe sous leur poids en accusant l'inflexible nécessité; les pertes de l'homme de la grande propriété sont en première ligne, elles frappent tous les yeux; elles seront les premières, les seules réparées. Ne voyons-nous pas des hommes dont tous les biens ont été vendus dans la révolution, posséder aujourd'hui des terres, des hôtels, et étaler un luxe aussi splendide que s'ils n'avaient rien perdu? Et on propose encore la création de douze millions de rentes destinés à les indemniser! Mais le peuple sur qui pèsera cette charge énorme, ajoutée à tant d'autres, le peuple déjà épuisé par des pertes incalculables, on ne demande point : Qui l'indemnisera?

Les dangers personnels, supposés égaux pour tous, seront conjurés par l'or du riche. Que Verrès consente à se priver d'un bijou de prix, et Verrès ne sera point porté sur les tables de proscription. Une mince propriété ne me fournit pas les moyens de racheter ma vie, proscrite par la vengeance, le caprice, la politique d'Antoine, de Lépide ou d'Octave.

Nous avons supposé l'égalité des dangers personnels et pécuniaires; hors du cas d'exception, spécifié d'abord, elle ne peut exister. L'homme de la grande propriété s'entoure d'une foule de serviteurs; beaucoup d'hommes ont reçu ou attendent de lui quelque avantage; un plus grand nombre encore trembleraient de rester, par quelques vicissitudes du sort, exposés à sa vengeance : les défenseurs, les ménagemens, les égards sont pour lui. Il compte des amis, des alliés, des obligés dans le parti contraire. Les chefs qu'il combat, s'ils ne sont animés d'une haine personnelle, respectent volontiers en lui, comme lui en eux, un caractère qui leur est commun. La générosité, à son égard, leur semble un devoir de *caste*, de famille.

Le temps, la nécessité amènent la fin des troubles. Comme les grands États font la paix aux dépens des petits, et obtiennent ainsi, après de nombreuses défaites, ce que devait à peine leur assurer une longue suite de victoires; de même, dans les troubles, l'homme de la grande propriété, en sacrifiant ceux qui sont au-dessous de lui, peut expier ses fautes et ses revers, ou les faire même tourner à son avantage.

Peu de chances de perte, beaucoup de chances de gain, telle y est presque toujours sa position. Et si le malheur l'atteint, il goûte cette consolation que toutes les ames s'ouvrent pour le plaindre, toutes les bouches pour solliciter en sa faveur. Tandis que des milliers d'hommes obscurs périssent, innocens ou coupables, sans qu'on s'en informe plus que des noms des soldats tués dans une bataille, on gémit sur la mort d'un grand, victime, dit-on, d'un destin injuste, ou d'un barbare esprit de parti. La justice même, dirigée contre lui, semble un attentat : du temps de Henri IV, et presque jusqu'à nos jours, on a reproché à ce bon roi de n'avoir point pardonné au trop coupable Biron.

Tant de motifs de sécurité ne laisseront pas subsister un grand sentiment de crainte pour les mouvemens politiques, si l'intérêt porte à en désirer. Et quand l'homme de la grande propriété n'y aura-t-il pas intérêt ? Le plus inerte, le moins brave, peut faire acheter sa coopération, sa désertion, son inaction même. Son nom, sa qualité suffisent pour en faire un être important, qu'on se croira forcé de satisfaire et de séduire. Si, en lui, brillent quelques talens, il arrive sur-le-champ aux premiers rôles ; et au dénouement du drame, les chances variées du sort peuvent accorder à ses moindres efforts un prix au-dessus de ses plus hautes espérances. Entouré d'avantages propres à enflammer l'ambition la plus timide, l'homme de la grande propriété, pour résister à leur séduction, doit en être préservé par des principes si purs, si élevés, si énergiques, qu'on ne peut guère compter sur leur action ou sur leur persévérance. Que sera-ce si, au contraire, il est entraîné à y céder par des prétentions et des sentimens presque inséparables de sa position dans le corps social.

§ VI. A des opinions dont les dernières conséquences conduisent aux plus affreuses injustices, on peut joindre une ame droite et amie du bien. Des idées sucées avec le lait, consacrées par le fanatisme religieux, par le fanatisme politique, et renforcées par une inspiration inaperçue de l'intérêt personnel, fausseront la conscience sur un point unique; tandis que, sur tous les autres, on restera un homme juste et bon. C'est, Monsieur, ce que, depuis six lustres, nous avons observé au sein des divers partis, et ce qui a égaré, dans un sens ou dans l'autre, beaucoup d'hommes, trop enclins à juger une opinion par le caractère de la personne qui la professait. C'est encore ce que nous observons dans les rangs de nos adversaires, sans nous inquiéter si, moins impartiaux, ils ne traitent point sans pitié de *scélérat* quiconque n'adopte pas leur évangile politique.

J'ajouterai que si des principes contraires à la justice et à l'intérêt social sont souvent un attribut de la grande propriété, le tort n'en est pas tout entier à celui qui les professe : nos vains jugemens l'y conduisent ou l'y confirment. Nous vouons à l'infamie le transfuge quand, pour se venger d'une condamnation méritée, il ouvre le chemin aux ennemis qui porteront le fer et le feu dans sa ville natale; nous avons horreur d'un monopoleur qui, fermant ses greniers, spécule sur la famine, pour amener à ses pieds, avec leur dernière pièce de monnaie, les infortunés qui l'environnent : je nomme Coriolan.... plus d'horreur, plus d'infamie! Coriolan excita le sénat de Rome à profiter de la disette pour réduire les plébéïens en servitude, et à ne leur distribuer *le blé acheté aux frais de l'État*, qu'autant qu'ils se soumettraient à leur éternelle dégradation; Coriolan amena, sous les murs de Rome, une armée ennemie : n'importe, c'est un patricien, un homme de la grande propriété; plus d'infamie, plus d'horreur.

Les brigandages, les meurtres d'un coupable obscur justifient à nos yeux les rigueurs que la loi exerce contre lui, et nous lisons *historiquement*, et sans regretter leur impunité, le récit des exactions, des violences, des cruautés, des trahisons commises, au temps de la Ligue, par les gouverneurs de province qui se rendaient indépendans, par un *d'Épernon* (1) qui prolongea sa tyrannie sous le règne même du tout-puissant Richelieu. Avez-vous souvent entendu blâmer *Gradenigo* et les autres hommes de la grande propriété qui renversèrent *à leur profit* les lois fondamentales de Venise? Et ce Doria qui, pour rendre la tranquillité à ses concitoyens, obtint d'un prince *étranger* (2) de les asservir à une poignée de nobles et de fonder l'aristocratie génoise : combien d'éloges n'a-t-il pas reçus dans l'histoire?

« C'est à nous qu'il appartient de commander; à

---

(1) Le duc d'Épernon se faisait appeler *Monsieur*, comme s'il eût été frère du roi de France.

(2) Charles-Quint.

» tous les autres hommes reste l'honneur de nous » obéir. » Puisque long-temps cette profession de foi de l'homme de la grande propriété a trouvé des échos dans les préjugés de la multitude, devons-nous être surpris que lui-même n'en soit pas encore détrompé ? Devons-nous être surpris que le parvenu qui, des derniers rangs de la société, s'insinue dans cette classe élevée, adopte d'abord et transmette religieusement à ses descendans, une doctrine si flatteuse pour la vanité, si commode pour les passions?

M'accusera-t-on de calomnie? J'en appelle aux écrits, aux discours, aux actions, aux écarts même des hommes de cette classe : partout respire la même prétention. Ils ne disent pas précisément comme Caligula : Puisque les conducteurs de troupeaux ne sont ni des bœufs ni des moutons, mais des êtres d'une nature supérieure; de même ceux qui commandent à la masse des hommes sont d'une espèce encore plus relevée..... Ils ne le disent pas, mais ils le pensent, et le font assez souvent sentir. Comment expliquer autrement le sens attaché au mot de *mésalliance ?*

Ne m'objectez point, Monsieur, que je confonds la grande propriété avec la noblesse. Dès qu'une distinction légale, un *privilége* reconnu sépare du reste de la nation, la grande propriété, celle-ci tendra soudain à se constituer en patriciat; partout où existe un patriciat, il sera ou deviendra bientôt la classe de la grande propriété.

Nous reconnaîtrons cette tendance, dans les conséquences mêmes d'un sophisme inventé de nos jours pour la déguiser. On a voulu fonder la concentration de la puissance dans certaines familles, non plus sur la prétention surannée d'une *supériorité naturelle*, mais sur la certitude de maintenir plus sûrement, par ce genre d'organisation, l'ordre et la tranquillité.

Mais pour y parvenir, il importe que les familles gouvernantes subsistent et jouissent d'une splendeur qu'elles ne puissent jamais perdre. Il faut que l'autorité principale, et la grande propriété qui s'y rattache, passent constamment du père au fils aîné..... La création des majorats commencera la fixation de la grande propriété, dans la ligne de primogéniture; des substitutions continueront l'ouvrage, et l'exemption de la contrainte par corps, accordée aux hommes de cette classe, viendra bientôt y mettre le comble.

Il serait contraire au principe de leur institution que ces êtres supérieurs reconnussent les mêmes tribunaux que le vulgaire. Le berger ne doit pas être frappé de la houlette, ni le bouvier de l'aiguillon. Ils ne seront donc jugés que par leurs pairs; et de tant de rigueurs dont la loi frappe le plébéien accusé, aucune n'osera les atteindre.

Inférieurs à l'aîné et déshérités pour l'enrichir, les fils puînés doivent cependant participer à la splendeur de leur caste. Qu'ils possèdent un droit exclusif à tout ce qui est commandement dans le militaire ; que les charges lucratives, que les pensions soient prodiguées à leur indigence auguste.

En vérité, ce n'est pas la peine de s'abstenir du mot patriciat, pour réclamer aussi nettement qu'on l'a fait tous les priviléges constitutifs de la chose.

L'erreur que nous combattons n'est pas nouvelle. On retrouve les mêmes avantages accordés à la noblesse, partout où le législateur déçu a cru pouvoir organiser la société comme une armée, et confier à quelques chefs absolus la conduite et le bonheur de tous.

Le but que, dans l'origine, on se proposa d'atteindre par ces concessions exagérées, ne fut assurément pas de créer des banqueroutiers ou des brigands privilégiés ; on ne songea qu'à maintenir et à faire respecter la supériorité des familles puissantes, ou du patriciat : mais l'abus était inévitable, et ses suites ont long-temps désolé la société.

§ VII. Un abus plus grave encore et non moins inévitable frappe de mort dans son principe l'organisation destinée à déguiser le renouvellement de l'aristocratie. Elle suppose implicitement que les membres des familles privilégiées seront parfaitement justes, parfaitement éclairés..... Ce n'est pas manquer de complaisance, que d'accorder cette supposition pour un temps.... Ce temps sera très-court ; il n'est pas d'erreur plus communément ni plus rapidement commise par ceux qui gouvernent, que la transformation du *devoir en droit*. Un administrateur dit : J'ai le *droit* de destituer les employés qui le méritent, et non pas : Mon *devoir* est de les destituer. « Le *droit* d'accuser est essentiellement facultatif. » Vous vous souvenez, Monsieur, de l'étonnement que nous fit éprouver cette assertion de la part d'un magistrat (1) chargé des fonctions du ministère public. Nous voulions croire qu'elle lui avait été attribuée par une erreur involontaire des sténographes qui ont recueilli son discours. La réplique de l'éloquent défenseur des prévenus (2), la suite de la procédure, le silence du magistrat qui n'a point réclamé contre une inexactitude si grave, ont triomphé de notre incrédulité. C'est peut-être l'exemple le plus frappant de la transformation d'un *devoir* en un *droit* arbitraire. Le *droit* d'accuser n'est *facultatif* que pour l'individu lésé qui peut, à son gré, poursuivre ou pardonner l'injure qu'il a reçue : pour le corps social, accuser et poursuivre jusqu'au jugement définitif, toute action présumée coupable, c'est un *devoir* rigoureux ; car la société, stipulant pour tous ses membres, ne peut négliger l'intérêt que la minorité ou même qu'un seul sociétaire peut avoir à cette poursuite. A plus forte raison le magistrat accusateur n'a que des *devoirs*. Il serait plus puissant que le prince et que la loi, si, entre plusieurs délits égaux, entre plusieurs prévenus contre lesquels s'élèvent les mêmes motifs de suspicion, il choisissait *arbitrairement* ceux qu'il

---

(1) Voyez *le Procès de la Souscription nationale.* ( 1 vol. in-8°. Prix, 5 fr. Chez Baudouin frères. )

(2) M. Dupin.

veut accuser, et ceux que son bon plaisir sauvera des dangers d'une action criminelle.

Quand une erreur si pernicieuse germe si facilement chez les hommes chargés de fonctions subordonnées, on peut affirmer qu'elle deviendrait la doctrine fondamentale, l'idée innée des hommes privilégiés, investis *seuls* du pouvoir suprême *pour le plus grand bien de tous*. Les membres du *grand conseil* de Venise, à la fin du treizième siècle, les nobles génois que Doria, au seizième, rendit dépositaires de la toute-puissance, savaient très-bien d'abord qu'ils n'étaient institués que pour gouverner au *profit de tous*. Mais le charme magique opéra bientôt sur eux : dans des compatriotes qui naguère étaient leurs égaux, et qui n'étaient encore séparés d'eux que par l'incapacité politique dont les frappait la nouvelle constitution de l'État, ils virent leurs sujets, ils virent leur propriété ; ils ne gouvernèrent plus qu'au profit de l'aristocratie.

Ne croyez pas, Monsieur, que j'aie combattu une chimère : nous n'avons pas encore les familles gouvernantes, les prétendus *hommes de la nation, gentis-homines, gentils-hommes*, suivant l'étymologie singulière d'un écrivain qui cette fois du moins a été clair et naïf (1) : mais il importait de montrer que, même sous cette forme, la plus innocente en apparence, l'institution du *patriciat* ou d'une classe de la *grande propriété*, inspirerait

(1) M. de Bonald père.

aux hommes de cette caste le même esprit, les mêmes prétentions, la même certitude de leur supériorité et de leur souveraineté *naturelles*.

Accordez-leur la plénitude de la souveraineté : il est certain qu'alors, donnant la tranquillité à l'État comme on la donne à un homme en le garottant si bien qu'il ne puisse faire aucun mouvement, ils ne chercheront ni les révolutions ni les troubles. Mais jusque-là il est difficile qu'ils s'abstiennent d'y marcher par la violence ou par la ruse, et avec d'autant moins de scrupule qu'ils attachent à leurs prétentions un *esprit de corps* et un *point d'honneur* auxquels ils doivent tout immoler.

Venise, Gènes, Rome, où j'ai puisé mes exemples, n'étaient pas des États monarchiques : dans les monarchies, dit-on, la *fidélité* au souverain compense et contient dans de justes limites cet esprit chevaleresque d'ambition et de grandeur. Dans les monarchies, répondrai-je, les sentimens des hommes de la grande propriété sont encore les mêmes, et tout aussi menaçans pour le prince que pour le peuple. Les protestations de fidélité, les sermens, les engagemens les plus solennels, ne sont encore que de vaines cérémonies. Ils avaient juré fidélité aux descendans de Clovis, tous ces nobles qui, sous la première race, se faisaient sans cesse la guerre pour s'arracher mutuellement des lambeaux du pouvoir royal, et non pour le sauver de l'usurpation des maires du palais. Ils avaient juré fidélité aux descendans de Charlemagne, les nobles qui concoururent à la dégradation de son fils, ou qui la supportèrent; et ceux qui minèrent si bien et si promptement le trône, que le roi de France se trouva réduit à la possession d'une ou deux villes; que le roi de France vécut et mourut prisonnier d'un noble qui n'était même pas au rang des grands vassaux (1). La captivité de Charles-le-Simple dura treize ans, sans que sa loyale et fidèle noblesse songeât à l'en arracher. Les nobles renversèrent la seconde dynastie comme la première; et ne se présentèrent pas, sous la troisième, avec moins de turbulence ou de moindres prétentions au pouvoir et à l'indépendance. A-t-on oublié les troubles épouvantables que suscita leur ambition sous les règnes de Jean et de Charles VI; troubles qui mirent cent fois au bord du précipice et la monarchie et l'intégrité de la France; tandis qu'à l'intérieur, réduisant les lois au silence, ils autorisaient le moindre *seigneur* à agraver sans mesure le joug de la féodalité? A-t-on oublié la guerre du *bien public*, sous Louis XI, et la ligue, et la fronde, et enfin la conspiration qui, il y a cent ans, menaça une régence à peine encore établie? Tous ces événemens appartiennent, dans leur principe, aux hommes de la grande propriété; tous portent un caractère commun, l'intervention de l'étranger, appelé sur le sol de la patrie par les hommes de la grande propriété.

---

(1) Hébert, comte de Vermandois.

Ces hommes regardent d'un autre œil que nous le recours à l'étranger. Pour nous, c'est une trahison infâme, c'est un parricide. Persuadés, au contraire, qu'ils forment une espèce supérieure, ils reconnaissent leurs semblables dans les hommes qu'ils voient, en d'autres pays, occuper le même rang, soutenir les mêmes prétentions; ce sont eux qu'ils regardent comme leurs concitoyens, bien plutôt que le plébéien, né pour les servir, à l'ombre de leurs manoirs altiers. Ils s'adresseront à eux avec confiance, soit qu'ils veuillent affaiblir le pouvoir importun d'un roi qui, d'autant plus puissant que son peuple est plus également gouverné, leur semble à juste titre un adversaire de l'aristocratie; soit que, combattant pour l'intérêt commun de la *caste*, ils s'efforcent de maintenir leur souveraineté sur le reste du genre humain. Ainsi le cyclope appelait à grands cris ses frères, pour qu'ils l'aidassent à ressaisir les victimes que l'adresse courageuse d'Ulysse venait de soustraire à sa dent dévorante.

§ VIII. La proposition générale conclut pour les applications particulières : dès que la grande propriété formera une classe à part qui se croira des droits supérieurs à ceux des autres citoyens, elle tentera de récupérer ces droits ou de les étendre, aux dépens, s'il le faut, de la tranquillité et du bonheur de tous. Pour se réunir en *caste*, pour s'attribuer des droits supérieurs, les hommes de la grande propriété ne manquent aujourd'hui ni de préjugés, ni de souvenirs..... Une loi vient qui les sépare de la masse de la nation ; en leur accordant un double vote, elle leur livre les deux cinquièmes des élections, après qu'ils auront concouru, sur le pied d'égalité, aux trois autres cinquièmes; et cependant leur nombre, comparé au reste de la population, ne s'élève guère au-dessus d'un millième ! Cette première fois, il est vrai, les colléges de départemens compteront encore bien des citoyens étrangers à la *caste exclusive* : la France s'en félicite, et confie la bonté des choix à leur patriotisme et à leurs lumières. Mais le principe de séparation est posé ; il est consacré dans la loi, et plus encore dans les motifs dont la loi a été appuyée. Déjà le génie de la grande propriété le revendique ; déjà il médite de ravir aux chances de la fortune la distribution d'un privilége qu'il croit devoir appartenir à lui seul. L'institution *d'électorats héréditaires*, fondée, comme celle des majorats, sur le principe oligarchique des substitutions, suffira pour le fixer à jamais dans un petit nombre de familles. Leurs membres, et surtout les puînés des familles décorées de la pairie, envahiront toutes les places dans les colléges de départemens. Qu'importent maintenant les souvenirs et les préjugés ? Sans recourir à leur prestige, la voilà créée, pleinement constituée, menaçante déjà, sentant ses forces, et avide de doubler ses moyens et ses avantages, l'aristocratie, qui, une fois saisie du pouvoir, ne s'en dessaisira jamais.

Ici donc, Monsieur, je pourrais regarder ma tâche

comme terminée. Ce n'est pas, d'ailleurs, sans répugnance que j'aborde les circonstances actuelles : dans la discussion du présent, la censure ressemble si facilement aux personnalités! Mais c'est le présent qui nous importe ; c'est lui surtout dont l'étude doit déterminer nos craintes, nos espérances et nos suffrages.

Un des traits les plus saillans de la révolution française, fut de faire disparaître la distinction des hommes de grande et de petite propriété. La résistance opposée à ce changement, et surtout les moyens dont elle s'étaya, seront, je crois, présentés par l'histoire comme une des premières causes des maux qui ont ensanglanté la fin du dernier siècle. Il nous suffit de les envisager dans leurs rapports avec l'*esprit* de la grande propriété. Conviction intime qu'on est blessé à mort si on perd la domination, et anéanti si on se laisse ramener à l'égalité devant la loi ; appel à l'étranger pour qu'à la tête d'un million de serfs obéissans, il vienne réduire une poignée de serfs rebelles ; ces caractères sont bien ceux que nous avons déjà signalés. Le grand précepteur de l'espèce humaine, l'adversité, est ici sans pouvoir ; tout au plus arrache-t-elle quelques momens de dissimulation. Les événemens changent, le masque tombe ; les hommes de la grande propriété se montrent aussi pleins de leur *supériorité naturelle* que par le passé, aussi ambitieux de pouvoir, d'honneurs, de richesses, et tourmentés, par-dessus tout, d'une soif inextinguible de vengeance.

Punir les insultes faites à la royauté, et l'affermir contre les attaques dont ils la disent menacée, voilà, je le sais, le prétexte dont ils voilent leur ambition et leurs fureurs. Ils veulent un roi, j'en conviens; mais non tel que notre roi lui-même veut être, *constitutionnel* : ils le veulent *absolu*; à condition qu'il respectera, qu'il augmentera, qu'il laissera s'étendre indéfiniment leurs priviléges; que ses volontés n'auront qu'eux seuls pour organes et pour interprètes. A ce prix aussi, les maires du palais auraient désiré que les rois de la première race fussent *absolus*; et le comte de Vermandois se serait efforcé de faire prévaloir la même doctrine, quand il retenait Charles-le-Simple prisonnier dans la tour de Creil.

Quant au respect, à l'attachement dus au roi et à la royauté; qu'ils répondent : la personne du monarque a-t-elle toujours été ménagée dans leurs discours, et même dans leurs écrits? Ses intentions de paix et de justice, si souvent, si formellement, si noblement exprimées, ont-elles trouvé en eux des coopérateurs zélés ou seulement dociles? Son œuvre sacrée, la Charte constitutionnelle, n'est-elle pas sans cesse le but de leurs attaques, le rocher qu'ils s'efforcent de renverser? Qu'ils répondent, ou la France entière répondra par l'arrêt de leur condamnation.

Laissons même le passé : ouvrons aujourd'hui les journaux qui écrivent dans leur sens. Qu'appellent hautement leurs vœux? Qu'insinuent leurs sophismes avec plus ou moins d'adresse? Que prêchent leurs déclamations inconsidérées? La contre-révolution, c'est-à-dire, une seconde révolution aussi complète que la première, et qui, certes, pas plus que la première, ne pourrait s'opérer sans exciter de violentes agitations. Ce n'est pas l'entreprise d'un jour, ni une œuvre de paix, que d'arracher à une nation civilisée de vingt-huit millions d'hommes, des biens ressaisis depuis trente ans, payés par tant de maux, consacrés par tant de gloire. Si nous nous arrêtons seulement à ce qui concerne la propriété, le bouleversement que la loi agraire, au temps des Gracques, aurait produit à Rome, eût été moins désastreux dans ses conséquences que celui dont la contre-révolution menace la France.

Ils veulent donc des troubles sanglans, interminables, ceux qui veulent la contre-révolution. Loin d'être arrêtés par cette pensée, ils sont prêts à recourir à l'intervention des étrangers; et si les manœuvres diplomatiques ne les conduisent pas au but, ils solliciteront, ils imploreront une invasion ennemie. J'en atteste encore leurs écrits, depuis la fameuse *Note secrète*, jusqu'aux journaux qui, chaque jour, vont porter dans toute la France et leurs espérances cruelles et leur pernicieuse doctrine.

O mon pays! sont-ce là des vœux de paix et de concorde, des bases certaines du maintien de l'ordre, des garanties rassurantes de la tranquillité publique?

§ IX. Maintenant, Monsieur, il est facile de reconnaître la route que notre devoir nous prescrit de suivre.

La loi existe; nous la respectons. Montrer, comme nous l'avons fait, quelle est sa tendance inévitable, sans même rechercher si cette tendance a été ou non aperçue de ses défenseurs, ce n'est point sortir des bornes d'une sage liberté; ce n'est point un attentat, non plus que de faire des vœux pour que cette loi n'ait pas une éternelle durée. La loi du 17 février a été l'objet de censures moins modérées que les nôtres lorsqu'elle portait encore le caractère sacré de loi de l'État : elle a disparu; sa destruction a été une victoire pour les mêmes ministres qui l'avaient si bien défendue un an auparavant; une semblable victoire pourrait encore leur être réservée; et cette fois la nation entière partagerait la joie de leur triomphe.

Tous les électeurs qui ont le cœur français, qu'ils jouissent ou non de l'avantage du double vote, accourront pour déposer leurs suffrages; contribution morale, réclamée par la patrie, plus impérieusement que l'or qu'ils versent dans les caisses de l'État : de l'urne électorale va sortir, avec la composition de la prochaine session, le destin d'une longue suite d'années.

La loi, heureusement, n'a rien changé à la qualité des éligibles. Distinguons parmi eux, non ceux qui possèdent peu ou immensément, mais les hommes attachés par leurs affections, leurs préjugés, leurs intérêts, à la cause de la grande propriété, et les citoyens qu'une parfaite droiture de cœur et d'esprit lie invinciblement à la cause du peuple français.

Un candidat se présente;

C'est un père sage, un bon époux, un fils respectueux, un homme honnête et instruit : mais, ce qui malheureusement n'est point incompatible avec ses vertus privées, ses prétentions incurables font de lui un citoyen dangereux. Transporté sur le théâtre des affaires publiques, il n'y apporterait rien de ce qui le rend recommandable au sein de sa famille. Supposer qu'introduit dans la législature, il servît les intérêts du peuple, ce serait, par une erreur coupable envers la patrie, franchir les limites des espérances permises (1). Il n'a jamais pensé au peuple que pour l'asservir à l'aristocratie; il ne voterait, il n'agirait que pour réaliser le rêve de l'aristocratie.

*Tous les Français sont égaux devant la loi.* Évitons de choisir un homme qui, loin de croire à cette égalité (2), s'attribue sur nous une *supériorité naturelle* dont il réclame les avantages dans la distribution des droits civils et politiques. Il serait l'homme de la grande propriété; nous voulons l'homme de la nation.

Plus de révolutions! plus de troubles! la paix

---

(1) *Ultrà*
*Quam licet sperare nefas!*

(2) *Disparem vites!*

publique, sous l'empire de la Charte et des institutions vraiment nationales qui en sont les conséquences! Nous ne choisirons pas l'ami d'une contre-révolution incompatible avec la Charte, incompatible avec la paix publique.

Moins encore abaisserons-nous nos regards sur ces subalternes qui s'attachent aux hommes de la grande propriété pour être employés, méprisés et enrichis par eux : il vaut encore mieux avoir affaire à Sylla qu'à son licteur.

Nous ne nous laisserons plus séduire par ces hommes si amis du calme qu'ils ont toujours attendu la chute du pouvoir établi pour s'indigner de ses abus d'autorité; si sages en même temps que, dans toute leur carrière politique, suivant uniformément la volonté du plus fort, ils ne se sont jamais proposé qu'un but, leur élévation personnelle. Nous ne voterons point pour qu'à la fin de la session, ils montent d'un ou deux grades dans l'administration ou la magistrature, pour qu'ils fassent accorder à leurs fils, à leurs gendres, à leurs amis, des places lucratives. Nous ne confondrons plus avec une estimable modération, leur entière abnégation de conscience.

Que le hasard l'ait fait noble ou roturier, qu'il paye mille francs d'imposition ou vingt mille, l'homme que ses principes moraux et politiques dévouent à la cause nationale, l'homme qui, dans l'honneur de la servir, ne cherche que la noble jouissance de remplir son devoir, l'homme probe et éclairé qui aime sincèrement ses concitoyens, voilà notre député. *Vivat qui Francos diligit!* (1) Vive celui qui aime les Français! Ce cri patriotique, consacré dans la plus ancienne de nos lois, retentit encore dans nos cœurs ; il dirigera nos suffrages.



Je suis, etc.

(1) Voyez le préambule de la première promulgation de la *loi salique*.

www.ingramcontent.com/pod-product-compliance
Lightning Source LLC
LaVergne TN
LVHW020251230826
846091LV00006B/2353

* 9 7 8 2 0 1 2 4 6 5 6 2 6 *